Anmerkung zur generellen Abschaffung
der politischen Parteien

Simone Weil

Anmerkung zur generellen Abschaffung der politischen Parteien

Aus dem Französischen
von Esther von der Osten

DIAPHANES

Titel des französischen Originals:
Note sur la suppression générale des partis politiques

1. Auflage
ISBN 978-3-0358-0703-5

www.diaphanes.net

Satz und Layout: 2edit, Zürich
Druck: druckhaus köthen

Inhalt

Das Wort Partei wird hier in der Bedeutung verwendet, die es auf dem europäischen Kontinent hat. In den angelsächsischen Ländern bezeichnet dasselbe Wort eine ganz andere Wirklichkeit. Sie wurzelt in der englischen Tradition und ist nicht übertragbar. Anderthalb Jahrhunderte Erfahrung zeigen es zur Genüge. Die angelsächsischen Parteien haben ein Element von Spiel, von Sport, das es nur in einer aristokratischen Institution geben kann; alles ist Ernst in einer Institution, die in ihrem Anfang plebejisch ist.

Der Parteiengedanke ging nicht in das französische Politikverständnis von 1789 ein, allenfalls als zu vermeidendes Übel. Es gab jedoch den Jakobinerclub. Der war zunächst nur ein Ort freier Diskussion. Was ihn umwandelte, war nicht irgendein schicksalhafter Mechanismus: Einzig der Druck des Krieges und der Guillotine machten aus ihm eine totalitäre Partei.

Die Kämpfe der Cliquen in der Zeit der Terreur waren von jenem Gedanken beherrscht, den Tomski so treffend formuliert hat: »Eine Partei regiert, alle anderen sind im Gefängnis.« Somit ist der Totalitarismus die Erbsünde der Parteien auf dem europäischen Kontinent.

Das Erbe der Terreur einerseits und der Einfluss des englischen Beispiels andererseits verankerten die Parteien im öffentlichen Leben Europas. Die Tatsache ihrer Existenz ist keineswegs ein Grund, sie zu bewahren. Nur das Gute ist ein legitimer Grund, etwas zu bewahren. Das Übel an den politischen Parteien springt ins Auge. Zu untersuchen ist, ob es ein Gutes in ihnen gibt, das schwerer wiegt als das Schlechte und daher ihre Existenz wünschenswert macht.

Doch sollte man viel eher fragen: Gibt es auch nur ein Quentchen Gutes in ihnen? Sind sie nicht ein Übel schlechthin, ein Übel wenigstens zum größten Teil?

Wenn sie von Übel sind, so können sie, das ist gewiss, faktisch und praktisch nur Schlechtes hervorbringen. Das ist ein Glaubensartikel. »Ein guter Baum kann niemals schlechte Früchte tragen, noch kann ein schlechter Baum gute Früchte tragen.«

Doch zunächst muss man erkennen, was das Kriterium des Guten ist.

Es kann nur die Wahrheit, die Gerechtigkeit sein und an zweiter Stelle der Gemeinnutzen.

Die Demokratie, die Macht der größeren Zahl sind keine Güter. Sie sind Mittel zum Guten, die zu Recht oder zu Unrecht für wirksam gehalten werden. Wenn statt Hitler die Weimarer Republik auf strikt parlamentarischem und legalem Wege entschieden hätte, die Juden in Konzentrationslager zu stecken und sie auf ausgeklügelte Weise zu Tode zu foltern, so wären die Foltern um kein Gran legitimer, als sie es jetzt sind. Und so etwas ist keineswegs unvorstellbar.

Nur was gerecht ist, ist legitim. Verbrechen und Lüge sind es in keinem Fall.

Unser republikanisches Ideal geht gänzlich aus dem Begriff des Gemeinwillens hervor, den wir Rousseau verdanken. Doch der Sinn des Begriffs ging fast sofort verloren, denn er ist komplex und verlangt ein erhöhtes Maß an Aufmerksamkeit.

Von ein paar Kapiteln abgesehen sind wenige Bücher so schön, stark, luzide und klar wie *Der Gesellschaftsvertrag*. Wenige Bücher waren so einflussreich, heißt es, tatsächlich aber hat es den Anschein, als sei es nie gelesen worden.

Rousseau ging von zwei Evidenzen aus. Die eine ist, dass die Vernunft die Gerechtigkeit und den unschädlichen Nutzen erkennt und wählt und dass jedes Verbrechen aus Leidenschaft geschieht. Die andere besagt, dass die Vernunft bei allen Menschen dieselbe ist, wohingegen die Leidenschaften meist voneinander abweichen. Wenn folglich jeder für sich über ein allgemeines Problem nachdenkt und eine Meinung dazu äußert und wenn man die Meinungen anschließend miteinander vergleicht, so werden sie wahrscheinlich in ihrem jeweils richtigen, gerechten und vernünftigen Anteil übereinstimmen und sich in Ungerechtigkeiten und Irrtümern voneinander unterscheiden.

Nur durch eine Überlegung dieser Art gelangt man zu der Annahme, dass der universelle Konsens die Wahrheit anzeigt.

Es gibt nur eine Wahrheit. Es gibt nur eine Gerechtigkeit. Die Irrtümer, die Ungerechtigkeiten sind unendlich variabel. So konvergieren die Menschen im Gerechten und Wahren, wohingegen Lüge und Verbrechen sie unendlich divergieren lassen. Die Einheit ist eine materielle Kraft, und dies lässt darauf hoffen, in ihr eine Ressource zu finden, um Wahrheit und Gerechtigkeit hienieden materiell stärker zu machen als Verbrechen und Irrtum.

Dazu braucht es den passenden Mechanismus. Wenn die Demokratie ein solcher Mechanismus ist, dann ist sie gut. Sonst nicht.

Ein Wille, der ungerecht, aber der gesamten Nation gemein ist, wäre in Rousseaus Augen – und er lag richtig – dem ungerechten Willen eines Menschen keineswegs überlegen.

Rousseau dachte nur, dass ein Wille, der einem ganzen Volk gemein ist, meistens der Gerechtigkeit entspricht, weil die einzelnen Leidenschaften einander neutralisieren und ausgleichen. Das war für ihn der einzige Beweggrund, den Willen des Volkes einem Einzelwillen vorzuziehen.

So ist eine gewisse Wassermasse, wenngleich sie sich aus Teilchen zusammensetzt, die sich unablässig bewegen und voneinander abstoßen, vollkommen ruhig und ausgeglichen. Mit ungetrübter Wahrheit spiegelt sie den Gegenständen ihre Bilder zurück. Perfekt zeigt sie die Horizontale an. Fehlerlos verrät sie die Dichte der Dinge, die man in sie taucht.

Wenn leidenschaftliche Individuen, die aus Leidenschaft zu Lüge und Verbrechen neigen, sich auf eben jene Weise zu einem wahrheitstreuen und gerechten Volk zusammensetzen, dann ist es gut, dass das Volk Souverän ist. Eine demokratische Verfassung ist gut, wenn sie zunächst diesen Gleichgewichtszustand im Volk herstellt und dann erst darauf hinwirkt, dass der jeweilige Wille des Volkes ausgeführt wird.

Der wahre Geist von 1789 besteht nicht in dem Gedanken, dass eine Sache gerecht ist, weil das Volk sie will, sondern darin, dass der Wille des Volkes unter gewissen Bedingungen eher der Gerechtigkeit entsprechen dürfte als jeder andere Wille.

Es gibt mehrere unerlässliche Bedingungen, um den Begriff des Gemeinwillens anwenden zu können. Besonders zwei verlangen Aufmerksamkeit.

Die eine lautet, dass es in dem Moment, wo das Volk sich eines seiner Willen bewusst wird und ihn äußert, keinerlei kollektive Leidenschaft gibt.

Es ist ganz offensichtlich, dass Rousseaus Überlegung haltlos wird, sowie es kollektive Leidenschaft gibt. Das wusste Rousseau. Die kollektive Leidenschaft ist ein Antrieb zu Lüge und Verbrechen, der unendlich mächtiger ist als jede individuelle Leidenschaft. Anstatt sich zu neutralisieren, verstärken die schlechten Antriebe einander dann ins Tausendfache. Dem Druck ist kaum zu widerstehen; echte Heilige ausgenommen.

Ein Gewässer, das von einer heftigen, reißenden Strömung bewegt wird, spiegelt die Gegenstände nicht mehr wider, hat keine horizontale Oberfläche mehr, zeigt nicht mehr die Dichte der Dinge an. Und es spielt kaum eine Rolle, ob es von einer einzigen Strömung bewegt wird oder von fünf oder sechs Strömungen, die im Aufeinandertreffen verwirbeln. Es ist in beiden Fällen gleichermaßen aufgewühlt.

Wenn eine einzige kollektive Leidenschaft ein ganzes Land ergreift, ist das gesamte Land einmütig im Verbrechen. Wenn es durch zwei oder vier oder fünf oder zehn kollektive Leidenschaften geteilt wird, zerfällt es in mehrere Verbrecherbanden. Die divergierenden Leidenschaften neutralisieren einander nicht wie Stäubchen individueller Leidenschaften, die in einer Masse aufgehen; ihre Zahl ist viel zu klein, die Kraft einer jeden ist viel zu groß, als dass Neutralisierung möglich wäre. Ein erbitterter Kampf bricht los. Mit wahrem Höllenlärm geraten sie aneinander – unmöglich, auch nur für eine Sekunde die Stimme der Gerechtigkeit und Wahrheit zu vernehmen, die ohnehin kaum je wahrnehmbar ist.

Herrscht in einem Land kollektive Leidenschaft, so ist es wahrscheinlich, dass ein beliebiger Einzelwille der Gerechtigkeit und der Vernunft näher ist als der Gemeinwille oder vielmehr als das, was dessen Karikatur darstellt.

Die zweite Bedingung ist, dass das Volk seinen Willen hinsichtlich der Probleme des öffentlichen Lebens ausdrücken kann und nicht nur eine Wahl zwischen Personen zu treffen hat. Noch weniger eine Wahl zwischen verantwortungslosen Kollektivitäten. Denn der Gemeinwille steht zu einer solchen Wahl in keinerlei Bezug.

Wenn es 1789 einen gewissen Ausdruck des Gemeinwillens gegeben hat – obwohl mangels anderer Vorstellungen das repräsentative System übernommen wurde –, dann deshalb, weil es durchaus etwas anderes gab als Wahlen. Alles Leben, das sich im Land regte – und damals quoll das Land vor Leben über –, hatte versucht, in den Beschwerdeheften einen Gedanken zu äußern. Viele Repräsentanten waren bei dieser Zusammenarbeit im Denken bekannt geworden; sie bewahrten deren Inbrunst; sie spürten, wie aufmerksam das Land auf ihre Worte achtete und eifersüchtig darüber wachte, ob sie seine Anliegen genau übermittelten. Eine Zeit lang – kurze Zeit – waren sie tatsächlich einfache Ausdrucksorgane für das öffentliche Denken.

So etwas geschah niemals wieder.

Der bloße Wortlaut dieser beiden Bedingungen zeigt, dass wir nie etwas gekannt haben, das auch nur entfernt einer Demokratie ähnelt. In dem, was wir so nennen, hat das Volk nie die Gelegenheit noch das Mittel gehabt, eine Meinung über irgendein Problem des öffentlichen Lebens zu äußern; und alles, was den Einzelinteressen entgeht, ist den kollektiven Leidenschaften ausgeliefert, zu denen systematisch und offiziell ermuntert wird.

Allein schon die Verwendung der Worte »Demokratie« und »Republik« verpflichtet dazu, mit höchster Aufmerksamkeit die beiden folgenden Probleme zu untersuchen:

Wie kann man den Menschen, aus denen sich das Volk Frankreichs zusammensetzt, die Möglichkeit geben, zuweilen ein Urteil über die großen Probleme des öffentlichen Lebens abzugeben?

Wie kann man sicherstellen, dass das Volk in dem Moment, wo es befragt wird, von keiner kollektiven Leidenschaft durchzogen wird?

Bedenkt man diese beiden Punkte nicht, braucht man nicht von republikanischer Legitimität zu sprechen.

Lösungen sind nicht leicht zu erkennen. Doch nach aufmerksamer Untersuchung wird evident, dass jede Lösung zuerst die Abschaffung der politischen Parteien verlangt.

*

Um die politischen Parteien nach den Kriterien der Wahrheit, der Gerechtigkeit, des Gemeinwohls einzuschätzen, sollte man zunächst ihre wesentlichen Merkmale erkennen.

Drei lassen sich aufzählen:

Eine politische Partei ist eine Maschine zur Fabrikation kollektiver Leidenschaft.

Eine politische Partei ist eine Organisation, die so konstruiert ist, dass sie kollektiven Druck auf das Denken jedes Menschen ausübt, der ihr angehört.

Der erste und genau genommen einzige Zweck jeder politischen Partei ist ihr eigenes Wachstum, und dies ohne jede Grenze.

Aufgrund dieser drei Merkmale ist jede politische Partei in Keim und Streben totalitär. Wenn sie es nicht in Wirklichkeit ist, dann nur, weil die anderen Parteien um sie herum es nicht weniger sind als sie.

Diese drei Merkmale sind Tatsachenwahrheiten für jeden, der dem Leben der Parteien nähergekommen ist.

Das dritte Merkmal ist einem Phänomen zuzuordnen, das überall entsteht, wo das Kollektiv die denkenden Wesen beherrscht. Es handelt sich um die Umkehrung des Verhältnisses von Zweck und Mitteln. Alle Dinge, die generell als Zwecke betrachtet werden, sind überall und ausnahmslos in ihrer Natur, per Definition, dem Wesen nach und in offenkundigster Weise allein Mittel. Aus allen Bereichen ließen sich beliebig viele Beispiele nennen. Geld, Macht, Staat, nationale Größe, wirtschaftliche Produktion, Universitätsdiplome und vieles mehr.

Allein das Gute ist ein Zweck. Alles aus dem Reich der Tatsachen gehört der Ordnung der Mittel an. Doch das kollektive Denken ist unfähig, sich über das Reich der Tatsachen zu erheben. Es ist ein animalisches Denken. Sein Begriff vom Guten reicht gerade aus, um den Irrtum zu begehen, dieses oder jenes Mittel für ein absolutes Gut zu halten.

So steht es um die Parteien. Eine Partei ist vom Prinzip her ein Instrument, um einer bestimmten Konzeption des Gemeinwohls zu dienen.

Das gilt sogar für jene, die den Interessen einer sozialen Kategorie verbunden sind, denn es ist immer eine gewisse Konzeption des Gemeinwohls, die bewirkt, dass das Gemeinwohl und diese Interessen in eins fallen könnten. Doch diese Konzeption ist äußerst vage. Das trifft ausnahmslos und fast ohne graduelle Unterschiede zu. Die unübersichtlichsten Parteien und die am strengsten organisierten sind in ihrer Doktrin gleichermaßen vage. Auch nach dem gründlichsten Politikstudium könnte kein Mensch die Doktrin irgendeiner Partei klar und genau erläutern, seine eigene inbegriffen.

Das gestehen die Leute sich selber kaum ein. Und täten sie es, wären sie naiv versucht, darin ein Zeichen persönlicher Unfähigkeit zu sehen, ohne zu erkennen, dass der Ausdruck: »Doktrin einer politischen Partei« von der Natur der Dinge her niemals irgendeine Bedeutung haben kann.

Ein Mensch, mag er auch sein Leben damit verbracht haben, zu schreiben und sich gedanklichen Problemen zu widmen, hat nur sehr selten eine Doktrin. Ein Kollektiv hat niemals eine. Sie ist kein kollektives Tauschobjekt.

Es lässt sich indes durchaus von christlicher Doktrin, von hinduistischer, pythagoräischer Doktrin und so weiter sprechen. Was dann mit diesem Wort bezeichnet wird, ist weder individuell noch kollektiv; es ist etwas, das unendlich weit über dem einen und dem anderen Bereich liegt. Es ist schlicht und einfach die Wahrheit.

Der Zweck einer politischen Partei ist etwas Vages und Unwirkliches. Wäre er etwas Wirkliches, verlangte er eine große Anstrengung an Aufmerksamkeit, denn eine Konzeption des Gemeinwohls zu denken ist nicht leicht. Die Existenz der Partei ist greifbar, evident; sie zu erkennen, verlangt keine Anstrengung. So ist unweigerlich die Partei sich selbst ihr eigener Zweck.

Und schon herrscht Götzendienst, denn legitimerweise ist allein Gott ein Zweck für sich selbst.

Der Übergang ist leicht. Man setzt als Axiom: Die notwendige und zureichende Bedingung dafür, dass die Partei wirksam der Konzeption des Gemeinwohls dient, um dessentwillen sie existiert, ist der Besitz einer großen Menge Macht.

Keine endliche Menge an Macht aber, zumal wenn sie einmal erlangt ist, kann je als zureichend gelten. Weil es ihr an Denken fehlt, befindet sich die Partei tatsächlich in einem fortwährenden Zustand der Ohnmacht, den sie stets der unzureichenden Menge an Macht zuschreibt, über die sie verfügt. Und wäre sie absolute Herrin über das Land, dann würden ihr die internationalen Zwänge enge Schranken setzen.

Die wesentliche Tendenz der Parteien ist somit totalitär, nicht nur hinsichtlich einer Nation, sondern hinsichtlich der ganzen Erde. Gerade weil die Konzeption des Gemeinwohls irgendeiner Partei eine Fiktion, ein leeres Ding ohne Wirklichkeit ist, muss sie nach totaler Macht streben. Jede Wirklichkeit impliziert von selbst eine Grenze. Was gar nicht existiert, lässt sich niemals begrenzen.

Deshalb besteht eine Affinität, ein Bündnis zwischen dem Totalitarismus und der Lüge.

Vielen Leuten kommt allerdings der Gedanke an eine totale Macht gar nicht in den Sinn; diese Vorstellung würde sie ängstigen. Sie ist schwindelerregend, und es braucht eine Art von Größe, um sie auszuhalten. Wenn solche Leute sich für eine Partei interessieren, begnügen sie sich mit dem Wunsch, sie möge wachsen – doch so, wie etwas wächst, das keine Grenze in sich trägt. Wenn es in diesem Jahr drei Mitglieder mehr gibt als im letzten oder wenn die Spendensammlung hundert Francs mehr eingebracht hat, sind sie zufrieden. Aber sie wünschen, dass dies unbegrenzt immer so weitergeht. Nie würde ihnen einfallen, dass ihre Partei irgendwann zu viele Mitglieder, zu viele Wähler, zu viel Geld haben könnte.

Das revolutionäre Temperament führt zur Vorstellung der Totalität. Das kleinbürgerliche Temperament führt dazu, sich im Bilde eines langsamen, kontinuierlichen und grenzenlosen Fortschritts einzurichten. Doch in beiden Fällen wird das materielle Wachstum der Partei zum einzigen Kriterium, an dem sich Gut und Böse in allem definiert. Ganz so, als wäre die Partei eine Mastgans und das Universum dazu geschaffen, sie zu mästen.

Man kann nicht Gott dienen und dem Mammon. Wenn man ein anderes Kriterium des Guten hat als das Gute, geht einem der Begriff vom Guten verloren.

Sobald das Wachstum der Partei ein Kriterium des Guten darstellt, entsteht unweigerlich ein kollektiver Druck der Partei auf das Denken der Menschen. Dieser Druck wird tatsächlich ausgeübt. Er macht sich öffentlich breit. Er ist offen eingestanden, kundgetan. Das würde uns entsetzen, hätte die Gewöhnung uns nicht so verhärtet.

Die Parteien sind Organismen, die öffentlich, offiziell so konstituiert sind, dass sie in den Seelen den Sinn für Wahrheit und Gerechtigkeit abtöten.

Der kollektive Druck wird auf die Allgemeinheit mittels Propaganda ausgeübt. Das eingestandene Ziel der Propaganda ist Überredung und nicht die Verbreitung von Licht und Aufklärung. Hitler hat genau erkannt, dass Propaganda stets der Versuch ist, die Geister gefügig zu machen. Alle Parteien betreiben Propaganda. Wer es unterließe, verschwände, weil die anderen es weiterhin tun. Alle geben zu, Propaganda zu betreiben. Keine Partei lügt so dreist und behauptet, sich der Erziehung der Öffentlichkeit zu widmen und das Urteilsvermögen des Volks zu bilden.

Hinsichtlich derer, die zu ihnen gekommen sind – Sympathisanten, junge Leute, neue Mitglieder –, sprechen die Parteien allerdings durchaus von Erziehung. Dieses Wort ist eine Lüge. Es handelt sich um eine Dressur, um den viel rigoroseren Zugriff vorzubereiten, den die Partei auf das Denken ihrer Mitglieder ausübt.

Nehmen wir an, ein Mitglied einer Partei – Abgeordneter, Abgeordnetenkandidat oder einfach Aktivist – geht öffentlich folgende Verpflichtung ein: »Wann immer ich mich mit einem politischen oder sozialen Problem befasse, verpflichte ich mich, die Tatsache, dass ich Mitglied jener Gruppe bin, völlig zu vergessen und mich ausschließlich um das Gemeinwohl und die Gerechtigkeit zu sorgen.«

Eine solche Rede würde sehr schlechten Anklang finden. Die Seinen, aber auch viele andere würden ihn des Verrats beschuldigen. Die am wenigsten feindlich Gesonnenen würden sagen: »Warum ist er dann Anhänger einer Partei?« und auf diese Weise naiv eingestehen, dass man mit dem Eintritt in eine Partei darauf verzichtet, einzig nach dem Gemeinwohl und der Gerechtigkeit zu streben. Seine Partei würde diesen Mann ausschließen oder zumindest nicht mehr aufstellen; er würde gewiss nicht gewählt werden.

Doch viel mehr noch, eine solche Rede scheint nicht einmal möglich. Es hat sie wohl tatsächlich nie gegeben. Worte, die jenen scheinbar ähnelten, wurden allenfalls geäußert, wenn Männer mit Unterstützung anderer Parteien als der eigenen regieren wollten. Solche Äußerungen klangen dann wie eine Art Verstoß gegen die Ehre.

Hingegen findet man es ganz natürlich, vernünftig und ehrbar, dass jemand sagt: »Als Konservativer« oder »Als Sozialist meine ich …«.

Das ist allerdings nichts, was nur den Parteien eignete. Es errötet auch niemand, wenn er sagt: »Als Franzose meine ich …«, »Als Katholik meine ich …«.

Kleine Mädchen, die sich dem Gaullismus ebenso verbunden erklärten wie dem französischen Äquivalent des Hitlerismus, fügten hinzu: »Die Wahrheit ist relativ, sogar in der Geometrie.« Sie trafen damit den springenden Punkt.

Wenn es keine Wahrheit gibt, dann ist es legitim, auf diese oder jene Weise zu denken, als jemand, der zufälligerweise dieses oder jenes *ist*. So wie man schwarze, braune, rote oder blonde Haare hat, weil man eben so ist, sondert man auch diese oder jene Gedanken ab. Das Denken ist damit wie die Haare Produkt eines körperlichen Ausscheidungsprozesses.

Erkennt man an, dass es eine Wahrheit gibt, darf man nur denken, was wahr ist. Dann denkt man etwas nicht, weil man zufälligerweise Franzose ist oder Katholik oder Sozialist, sondern weil das unwiderstehliche Licht der Evidenz so und nicht anders zu denken verpflichtet.

Wenn es keine Evidenz gibt, wenn Zweifel bestehen, dann ist evident, dass beim Stand der Kenntnisse, über die man verfügt, die Frage zweifelhaft ist. Wenn eine schwache Wahrscheinlichkeit auf einer Seite besteht, dann ist es evident, dass eine schwache Wahrscheinlichkeit besteht; und so weiter. In jedem Fall gewährt das innere Licht jedem, der es befragt, immer eine offenkundige Antwort. Der Inhalt der Antwort ist mehr oder weniger affirmativ; das ist nicht wichtig. Er kann stets revidiert werden: korrigiert werden jedoch kann er nur aus einem Mehr an innerem Licht heraus.

Wenn ein Mensch, Mitglied einer Partei, fest entschlossen ist, in all seinen Gedanken ausschließlich dem inneren Licht treu zu sein und nichts anderem, dann kann er seine Partei nicht von diesem Entschluss in Kenntnis setzen. Er befindet sich ihr gegenüber somit in einem Zustand der Lüge.

Diese Situation kann nur um der Notwendigkeit willen akzeptiert werden, sich eine Partei zu suchen, um wirksam am öffentlichen Leben teilzunehmen. Doch diese Notwendigkeit ist ein Übel, und dem muss man ein Ende setzen, indem man die Parteien abschafft.

Ein Mensch, der sich nicht zu ausschließlicher Treue zum inneren Licht entschlossen hat, richtet die Lüge mitten in der Seele ein. Die Strafe ist innere Finsternis.

Vergeblich wäre der Versuch, sich mit der Unterscheidung von innerer Freiheit und äußerer Disziplin aus der Affäre zu ziehen. Denn dann muss man die Öffentlichkeit belügen, gegenüber der jeder Kandidat, jeder Gewählte eine besondere Verpflichtung zur Wahrheit hat.

Wenn ich mich anschicke, im Namen meiner Partei Sachen zu sagen, von denen ich meine, dass sie der Wahrheit und der Gerechtigkeit widersprechen, werde ich dann vorneweg darauf hinweisen? Tue ich es nicht, lüge ich.

Von diesen drei Formen von Lüge – gegenüber der Partei, gegenüber der Öffentlichkeit, gegenüber sich selbst – ist die erste bei Weitem die harmloseste. Wenn aber die Zugehörigkeit zu einer Partei immer und in jedem Fall zur Lüge zwingt, dann ist die Existenz der Parteien absolut und bedingungslos ein Übel.

Häufig war in Versammlungsankündigungen zu lesen: Herr X wird den kommunistischen Standpunkt darlegen (zu dem jeweiligen Problem, dem die Versammlung gilt). Herr Y wird den sozialistischen Standpunkt darlegen. Herr Z wird den radikalen Standpunkt darlegen.

Wie haben die Armen es angestellt, den Standpunkt zu kennen, den sie darlegen mussten? Wen konnten sie befragen? Welches Orakel? Ein Kollektiv hat weder Sprache noch Feder. Die Organe, in denen es sich äußert, sind alle individuell. Das sozialistische Kollektiv wohnt in keinem Individuum. Die radikale Kollektivität auch nicht. Die kommunistische Kollektivität liegt in Stalin, doch der ist weit weg; man kann ihn nicht anrufen, bevor man in einer Versammlung spricht.

Nein, die Herren X, Y, Z befragten sich selbst. Doch da sie rechtschaffen waren, versetzten sie sich zunächst in einen besonderen Geisteszustand, ähnlich jenem Zustand, in den die Atmosphäre der kommunistischen, sozialistischen oder radikalen Milieus sie so oft versetzt hatte.

Hat man sich in diesen Zustand versetzt und gibt sich dann seinen Reaktionen hin, produziert man ganz natürlich eine Sprache, die dem kommunistischen, sozialistischen, radikalen »Standpunkt« konform ist.

Selbstverständlich unter der Bedingung, sich strikt jede Aufmerksamkeitsanstrengung zu untersagen, die Gerechtigkeit und die Wahrheit zu erkennen. Vollbrächte man derlei Anstrengung, so riskierte man – o Graus –, einen »persönlichen Standpunkt« auszudrücken.

Denn heutzutage wird das Streben nach Gerechtigkeit und Wahrheit als etwas angesehen, das einem persönlichen Standpunkt entspricht und antwortet.

Als Pontius Pilatus Christus fragte: »Was ist Wahrheit?«, hat Christus nicht geantwortet. Er hatte schon vorher geantwortet, als er sagte: »Ich bin gekommen, um für die Wahrheit zu zeugen.«

Es gibt nur eine Antwort. Die Wahrheit, das sind die Gedanken, die im Geist eines denkenden Geschöpfes aufkommen, das einzig, total, ausschließlich die Wahrheit begehrt.

Die Lüge, der Irrtum – gleichbedeutende Wörter –, das sind die Gedanken derer, die nicht die Wahrheit begehren, und derer, die die Wahrheit begehren und noch etwas anderes dazu; zum Beispiel die Wahrheit und die Konformität mit diesem oder jenem etablierten Denken.

Doch wie die Wahrheit begehren, ohne etwas von ihr zu wissen? Darin liegt das Mysterium der Mysterien. Die Worte, die eine dem Menschen unvorstellbare Vollkommenheit ausdrücken – GOTT, Wahrheit, Gerechtigkeit –, haben, innerlich mit Verlangen formuliert und in keinerlei Konzeption eingefügt, die Macht, die Seele zu erheben und mit Licht zu durchfluten.

Im Verlangen nach der Wahrheit, in ihrer Leere, und ohne den Versuch, ihren Inhalt im Voraus zu erahnen, empfängt man das Licht. Eben das ist der Mechanismus der Aufmerksamkeit.

Es ist unmöglich, bei der Untersuchung der schrecklich komplexen Probleme des öffentlichen Lebens auf zweierlei gleichzeitig zu achten: einerseits darauf, die Wahrheit, die Gerechtigkeit, das Gemeinwohl zu erkennen, und andererseits darauf, die Haltung zu bewahren, die dem Mitglied einer solchen Gruppe ansteht. Das menschliche Vermögen der Aufmerksamkeit ist nicht zweier Anliegen gleichzeitig fähig. Wer immer sich dem einen widmet, gibt das andere preis.

Kein Leid jedoch erwartet den, der die Gerechtigkeit und die Wahrheit preisgibt. Wohingegen das Parteiensystem die schmerzlichsten Strafen für Ungehorsam bereithält. Strafen, die fast alles treffen – Karriere, Gefühle, Freundschaft, das Ansehen, den äußerlichen Teil der Ehre, manchmal sogar das Familienleben. Die kommunistische Partei hat dieses System zur Vollendung gebracht.

Selbst bei dem, der innerlich nicht nachgibt, verfälscht die Existenz von Strafen unweigerlich das Urteilsvermögen. Denn wenn er sich gegen den Zugriff der Partei wehren will, dann ist dieser Wille selbst ein der Wahrheit äußerlicher Beweggrund, dem man misstrauen muss. Doch dieses Misstrauen genauso; und so weiter. Wahrhaftige Aufmerksamkeit ist ein Zustand, der für den Menschen so schwierig ist, von solcher Gewalt, dass jede persönliche Störung der Empfänglichkeit sie durchkreuzt. Daraus folgt die zwingende Verpflichtung, das Urteilsvermögen, das man in sich trägt, so weit es nur geht gegen den Tumult der persönlichen Hoffnungen und Befürchtungen zu schützen.

Wenn ein Mensch sehr komplexe Rechenoperationen anstellt und dabei weiß, dass er jedes Mal ausgepeitscht wird, wenn er ein Ergebnis mit geraden Zahlen erhält, ist seine Lage äußerst schwierig. Irgendetwas im leiblichen Teil der Seele wird ihn dazu bringen, bei den Berechnungen ein wenig nachzuhelfen, um stets ein ungerades Ergebnis zu erhalten. Im Willen zu reagieren findet er womöglich sogar dort eine gerade Zahl, wo keine hingehört. In diesem Schwanken gefangen, ist seine Aufmerksamkeit nicht mehr unbeeinträchtigt. Wenn die Berechnungen so komplex sind, dass sie seine völlige Aufmerksamkeit erfordern, wird er sich unweigerlich sehr oft irren. Es wird nichts nützen, dass er sehr intelligent ist, sehr mutig, sehr um die Wahrheit besorgt.

Was soll er tun? Ganz einfach. Kann er diesen Leuten entkommen, die ihm mit der Peitsche drohen, muss er fliehen. Hat er vermeiden können, ihnen in die Hände zu fallen, hat er es vermeiden müssen.

Genauso ist es mit den politischen Parteien.

Wenn es in einem Land Parteien gibt, entsteht früher oder später eine Sachlage, in der es unmöglich ist, wirksam auf die öffentlichen Angelegenheiten Einfluss zu nehmen, ohne in eine Partei einzutreten und das Spiel mitzuspielen. Wer immer sich für die Sache der Allgemeinheit interessiert, möchte sich wirksam interessieren. So verzichten jene, die zur Sorge um das Gemeinwohl neigen, entweder darauf, daran zu denken und wenden sich anderem zu, oder sie durchlaufen das Walzwerk der Parteien. Auch in diesem Fall kommen ihnen Sorgen, die jene um das Gemeinwohl ausschließen.

Die Parteien sind ein fabelhafter Mechanismus, der bewirkt, dass über ein ganzes Land hinweg nicht ein einziger Geist seine Aufmerksamkeit der Anstrengung widmet, in den öffentlichen Angelegenheiten das Gute, die Gerechtigkeit, die Wahrheit zu erkennen.

Daraus ergibt sich – von ganz wenigen Zufällen abgesehen –, dass nur Maßnahmen beschlossen und durchgeführt werden, die dem Gemeinwohl, der Gerechtigkeit und der Wahrheit entgegenstehen.

Vertraute man die Organisation des öffentlichen Lebens dem Teufel an, er könnte nichts Tückischeres ersinnen.

Wenn die Wirklichkeit etwas weniger düster gewesen ist, dann, weil die Parteien noch nicht alles verschlungen hatten. Doch ist sie tatsächlich etwas weniger düster gewesen? War sie nicht genauso düster wie das hier gezeichnete Bild? Hat das, was sich ereignet hat, es nicht gezeigt?

Man muss zugeben, dass der Mechanismus geistlicher und geistiger Unterdrückung, der den Parteien eignet, von der katholischen Kirche in ihrem Kampf gegen die Häresie in die Geschichte eingeführt worden war.

Ein Konvertit, der in die Kirche eintritt – oder ein Gläubiger, der nach reiflicher Überlegung beschließt, in ihr zu bleiben –, hat im Dogma Wahres und Gutes erblickt. Doch mit dem Überschreiten der Schwelle bekennt er zugleich, dass die *anathema sit* ihn nicht treffen, sprich, dass er alle sogenannten strengen Glaubensartikel durchweg akzeptiert. Er hat diese Artikel nicht studiert. Selbst bei einem hohen Maß an Intelligenz und Bildung würde ein ganzes Leben zu einem solchen Studium nicht ausreichen, da es die Untersuchung der historischen Umstände jeder einzelnen Verurteilung verlangt.

Wie soll man Aussagen zustimmen, die man nicht kennt? Man braucht sich nur bedingungslos der Autorität zu unterwerfen, von der sie ausgehen.

Deshalb will Thomas von Aquin seine Aussagen nur mit der Autorität der Kirche stützen und jedes andere Argument ausschließen. Denn, sagt er, mehr braucht es nicht für jene, die sie annehmen; und kein Argument könnte den überzeugen, der sie ablehnt.

Das innere Licht der Evidenz, dieses Urteilsvermögen, das der Menschenseele als Antwort auf ihr Verlangen nach Wahrheit von oben gewährt ist, wird somit in den Dreck geworfen. Zu knechtischen Aufgaben wie dem Addieren verurteilt, wird es von allem ausgeschlossen, was nach der spirituellen Bestimmung des Menschen sucht. Was das Denken bewegt, ist nicht mehr das unbedingte, nicht definierte Verlangen nach Wahrheit, sondern das Verlangen, mit einer vorab etablierten Lehre konform zu gehen.

Es ist eine tragische Ironie, dass somit die von Christus gegründete Kirche den Geist der Wahrheit weitreichend erstickt hat – und wenn es ihr trotz der Inquisition nicht gänzlich gelungen ist, so weil die Mystik eine sichere Zuflucht bot. Das ist oft festgestellt worden. Nicht ganz so oft hat man jedoch eine andere tragische Ironie festgestellt. Die Auflehnung gegen die Erstickung der Geister unter der Herrschaft der Inquisition hat in ihrem späteren Werden eben jenes Werk der Erstickung der Geister fortgesetzt.

Die Reformation und der Humanismus der Renaissance, doppeltes Produkt dieser Auflehnung, haben weitreichend dazu beitragen, den Geist von 1789 zu wecken, der drei Jahrhunderte lang herangereift war.

Nach einer gewissen Frist ist daraus unsere Demokratie entstanden, die auf dem Spiel der Parteien gründet. Jede von ihnen ist eine kleine profane Kirche und verfügt über die Waffe der Exkommunikationsandrohung. Der Einfluss der Parteien hat das gesamte Geistesleben unserer Zeit verseucht.

Ein Mensch, der einer Partei angehört, hat wahrscheinlich in Aktion und Propaganda dieser Partei Dinge erblickt, die ihm gut und richtig erschienen. Niemals aber hat er die Position der Partei zu sämtlichen Problemen des öffentlichen Lebens untersucht. Mit seinem Parteieintritt akzeptiert er Positionen, die ihm unbekannt sind. So unterwirft er sein Denken der Autorität der Partei. Wenn er diese Positionen allmählich kennenlernt, wird er sie ungeprüft übernehmen.

Ein Anhänger der katholischen Orthodoxie, wie sie der heilige Thomas begreift, befindet sich in genau dieser Situation.

Würde ein Mensch seine Mitgliedschaft mit den Worten beantragen: »Ich bin mit der Partei in diesem, diesem, diesem Punkt einverstanden; ich habe ihre anderen Positionen nicht überprüft und behalte mir voll und ganz meine Meinung vor, solange ich sie nicht untersucht habe«, so würde man ihn vermutlich bitten, ein andermal wiederzukommen.

In Wirklichkeit aber nimmt mit sehr wenigen Ausnahmen jemand, der in eine Partei eintritt, gehorsam jene Geisteshaltung an, die er später folgendermaßen ausdrücken wird: »Als Monarchist, als Sozialist meine ich, dass…« Das ist so bequem! Denn es heißt, nicht zu denken. Es gibt nichts Bequemeres als nicht zu denken.

Das dritte Merkmal der Parteien – nämlich dass sie Maschinen zur Fabrikation kollektiver Leidenschaft sind – ist so augenscheinlich, dass es keiner Erläuterung bedarf. Die kollektive Leidenschaft ist die einzige Energie, die den Parteien für die Propaganda nach außen hin und für den Druck, den sie auf die Seele jedes Mitglieds ausüben, zur Verfügung steht.

Man gibt zu, dass der Parteiengeist blind macht, dass er taub macht für die Gerechtigkeit und dass er selbst rechtschaffene Leute zum grausamsten Wüten gegen Unschuldige hinreißt. Man gibt es zu, doch man denkt nicht daran, die Organismen abzuschaffen, die einen solchen Geist fabrizieren.

Indessen verbietet man Betäubungsmittel.

Dennoch gibt es Leute, die von Betäubungsmitteln abhängig sind. Doch gäbe es mehr, wenn der Staat den Verkauf von Opium und Kokain in allen Tabakläden organisierte und die Konsumenten mit Werbeplakaten ermunterte.

Daraus folgt, dass die Institution der Parteien durchaus ein nahezu unvermischtes Übel zu sein scheint. Sie sind vom Prinzip her schlecht, und ihre Auswirkungen in der Praxis sind schlecht.

Die Abschaffung der Parteien wäre ein beinahe reines Gut. Sie ist vom Prinzip her höchst legitim und scheint in der Praxis nur gute Wirkungen zeitigen zu können.

Die Kandidaten würden dann den Wählern nicht etwa sagen: »Ich trage dieses Etikett« – was dem Publikum über ihre konkrete Haltung zu konkreten Problemen praktisch überhaupt nichts sagt –, sondern: »Ich denke dies, dies und dies zu diesem, diesem und diesem großen Problem.«

Die Gewählten würden sich nach dem natürlichen und beweglichen Spiel der Affinitäten verbünden und trennen. Ich kann sehr gut mit Herrn A über die Kolonisierung einverstanden sein und uneins mit ihm über den bäuerlichen Besitz; und umgekehrt mit Herrn B. Wenn es um Kolonisierung geht, werde ich vor der Sitzung ein wenig mit Herrn A sprechen, wenn man vom bäuerlichen Besitz spricht, mit Herrn B.

Die künstliche Kristallisierung in Parteien entsprach den tatsächlichen Geistesverwandtschaften so wenig, dass ein Abgeordneter in sämtlichen konkreten Haltungen mit einem Parteikollegen uneins sein und mit einem Mann einer anderen Partei übereinstimmen konnte.

Wie viele Male wurde wohl im Deutschland des Jahres 1932 einem Kommunisten und einem Nazi, die sich auf der Straße unterhielten, im Geiste schwindlig, weil sie feststellten, dass sie sich in allen Punkten einig waren!

Außerhalb des Parlaments gäbe es intellektuelle Zeitschriften, um die herum sich auf ganz natürliche Weise Milieus bilden würden. Doch diese Milieus müssten im Fließen gehalten werden. Gerade dieses Fließende unterscheidet ein Milieu der Geistesverwandtschaft von der Partei und hindert es an einer schlechten Einflussnahme. Trifft man jemanden im freundschaftlichen Rahmen, der diese oder jene Zeitschrift herausgibt, diejenigen, die oft darin veröffentlichen, oder schreibt man selbst darin, so weiß man, dass man in Kontakt mit dem Milieu dieser Zeitschrift steht. Doch weiß man selber nicht, ob man dazugehört; es gibt keine klare Trennung zwischen drinnen und draußen. Weiterhin gibt es jene, die die Zeitschrift lesen und einen oder zwei Leute kennen, die darin schreiben. Ferner schöpfen die regelmäßigen Leser Anregungen daraus. Und ferner noch die gelegentlichen Leser. Doch niemandem fiele ein, zu denken oder zu sagen: »Als jemand, der dieser Zeitschrift verbunden ist, meine ich …«

Wenn Mitarbeiter einer Zeitschrift bei den Wahlen antreten, müsste es ihnen verboten sein, sich auf die

Zeitschrift zu berufen. Es müsste der Zeitschrift verboten sein, sie aufzustellen oder ihre Kandidatur direkt oder indirekt zu unterstützen, ja sie auch nur zu erwähnen.

Jede Gruppe von »Freunden« einer solchen Zeitschrift müsste verboten sein.

Wenn eine Zeitschrift ihre Mitarbeiter unter Androhung des Bruchs daran hinderte, an anderen Publikationen mitzuarbeiten, gleich welchen, müsste sie abgeschafft werden, sobald die Tatsache erwiesen ist.

Dazu gehört ein Pressewesen, das Publikationen unmöglich macht, an denen mitzuarbeiten unehrenhaft ist.

Jedes Mal wenn ein Milieu versuchen würde sich zu kristallisieren, indem es der Mitgliedschaft definitiven Charakter verleiht, würde es strafrechtlich verfolgt werden, sobald die Tatsache festgestellt ist.

Selbstverständlich gäbe es geheime Parteien. Doch ihre Mitglieder hätten ein schlechtes Gewissen. Sie könnten sich nicht mehr öffentlich zum Untertanengeist bekennen. Sie könnten keine Propaganda im Namen der Partei machen. Die Partei könnte sie nicht mehr in einem unentrinnbaren Netz aus Interessen, Gefühlen und Verpflichtungen festhalten.

Wann immer ein Gesetz unparteiisch und gerecht ist und auf einer Sicht des Gemeinwohls gründet, die das Volk leicht aufnehmen kann, schwächt dieses Gesetz alles, was es verbietet. Es schwächt es allein durch die Tatsache seiner Existenz und unabhängig von Strafmaßnahmen, die seine Anwendung gewährleisten sollen.

Diese dem Gesetz innewohnende Majestät ist ein Faktor des öffentlichen Lebens, der lange in Vergessenheit geraten ist und den es zu nutzen gilt.

Die Existenz geheimer Parteien scheint keinen Nachteil zu bieten, der nicht durch die legalen Parteien in weit höherem Maße bereits besteht.

Generell scheint es, als ließe eine aufmerksame Untersuchung absolut keinen wie auch immer gearteten Nachteil an der Abschaffung der Parteien erkennen.

Es ist ein sonderbares Paradox, dass Maßnahmen, die keinerlei Nachteile haben, de facto von allen die geringste Aussicht haben, beschlossen zu werden. Man sagt sich: Wenn es so einfach wäre, warum ist es dann nicht schon längst geschehen?

Und dabei sind im Allgemeinen die großen Dinge schlicht und einfach.

Die heilsame Wirkung, die von der Abschaffung der Parteien ausginge, würde weit über die öffentlichen Angelegenheiten hinausreichen. Denn der Parteiengeist verseucht mittlerweile alles.

Die Institutionen, die das Spiel des öffentlichen Lebens bestimmen, beeinflussen stets das gesamte Denken in einem Land, weil die Macht solches Ansehen hat.

Es ist so weit gekommen, dass man überall fast nur noch denkt, indem man »für« oder »gegen« eine Meinung Stellung bezieht. Daraufhin sucht man nach Argumenten, je nachdem, pro oder contra. Das ist die genaue Übertragung der Parteizugehörigkeit.

Ebenso wie es in den politischen Parteien Demokraten gibt, die mehrere Parteien zulassen, so erkennen auch im Feld der Meinungen die Großzügigen jenen Meinungen, mit denen sie sich uneins erklären, einen Wert zu.

Das heißt, völlig den Sinn für wahr und falsch verloren zu haben.

Andere, die für eine Meinung Stellung bezogen haben, weigern sich, irgendetwas in Betracht zu ziehen, das ihr widerspräche. Das ist die Übertragung des totalitären Geistes.

Als Einstein nach Frankreich kam, spalteten sich die Angehörigen der mehr oder weniger intellektuellen Milieus, auch die Gelehrten selbst, in zwei Lager, dafür und dagegen. Jedes neue wissenschaftliche Denken hat in den wissenschaftlichen Milieus seine Anhänger und seine Gegner, und beide sind in einem betrüblichen Maße vom Parteiengeist erfüllt. Es gibt außerdem in diesen Milieus Tendenzen und Seilschaften in mehr oder weniger kristallisiertem Zustand.

In der Kunst und der Literatur ist das noch offensichtlicher. Kubismus und Surrealismus waren etwas wie Parteien. Man war »Gideaner«, man war »Maurassianer«. Will man sich einen Namen machen, umgibt man sich am besten mit einer Clique von Bewunderern, die vom Parteiengeist erfüllt sind.

Ebenso gab es keinen großen Unterschied zwischen der Bindung an eine Partei und der Bindung an eine Kirche oder an die antireligiöse Haltung. Man war für oder gegen den Glauben an Gott, für oder gegen das Christentum und so weiter. Es ist so weit gekommen, dass man in Religionssachen von Aktivisten spricht.

Selbst in der Schule weiß man das Denken der Kinder nicht besser anzuregen, als sie dazu aufzufordern, Partei zu ergreifen, pro oder contra. Man legt ihnen ein Zitat eines großen Autors vor und fragt: »Seid ihr einverstanden oder nicht? Entwickelt eure Argumente.« In der Prüfung müssen die Ärmsten mit ihrer schriftlichen Arbeit nach drei Stunden fertig sein und können also nicht mehr als fünf Minuten Zeit darauf verwenden, sich zu fragen, ob sie einverstanden sind. Und es wäre so einfach, ihnen zu sagen: »Denkt über diesen Text nach und formuliert die Überlegungen, die euch dazu einfallen.«

Fast überall – und sogar oft bei rein technischen Problemen – ist die Operation des Partei-Ergreifens, der Stellungnahme für oder gegen etwas an die Stelle der Operation des Denkens getreten.

Diese Pest ist den politischen Milieus entsprungen und hat sich über das ganze Land fast auf das gesamte Denken ausgebreitet.

Es ist fraglich, ob man dieser Pest, die uns umbringt, abhelfen kann, ohne mit der Abschaffung der politischen Parteien zu beginnen.

1943

Nachwort

1.

Vor hundert Jahren – am 3. Februar 1909 – wurde Simone Weil in Paris geboren. Sie wuchs in einer liberalen jüdischen Familie auf. Bereits auf dem *Lycée Henri IV.* hatte sie Philosophieunterricht bei Émile-Auguste Chartier erhalten, der sein Werk unter dem Namen *Alain* publizierte. Danach studierte sie Philosophie an der *École Normale Supérieure*. Alain war 1917 schwer verwundet aus dem Ersten Weltkrieg heimgekehrt; 1921 hatte er eine Streitschrift gegen den Krieg – *Mars ou la guerre jugée* – veröffentlicht.[1] Seinen Schülerinnen und Schülern – unter ihnen Raymond Aron, Georges Canguilhem oder André Maurois – vermittelte er nicht nur die Werke von Platon, Descartes, Spinoza oder Kant, sondern auch die Prinzipien einer politisch-pazifistischen Haltung.

Das Klima an der *École Normale* war geprägt von Diskussionen um die Veränderung der Gesellschaft, vom Kampf um demokratische Mitbestimmung. Simone Weil sympathisierte mit den Kommunisten, sie trat

1 Vgl. Alain: *Mars oder die Psychologie des Krieges*. Übersetzt von Heinz Abosch. Frankfurt am Main 1985.

jedoch niemals in die Kommunistische Partei ein. Simone Pétrement, ihre Freundin und Biographin, betonte sogar, dass sie nicht glaube, Simone hätte überhaupt irgendeiner Partei beitreten können: »Ich entsinne mich, dass sie mir 1927, ungefähr zu dem Zeitpunkt, als ich in die *École normale* eintrat, eines Tages heftig vorhielt, dass ich behauptet hätte, der Zusammenschluss zu einer Partei könne nützlich und in bestimmten Fällen günstig sein und dass dabei nur der gemeinsamen Aktion Grenzen gesetzt und deren Ziele klar definiert werden müssten. [...] Sie hatte den Argwohn Alains gegenüber jedweder Organisation begriffen und teilte ihn.«[2]

Zwischen 1927 und 1931 unterrichtete Simone Weil an einer Volkshochschule für Arbeiter, die von Schülern Alains organisiert wurde; seit Beginn des Jahres 1929 engagierte sie sich in der pazifistischen *Ligue des droits de l'homme*, der Liga für Menschenrechte, und in der Gewerkschaftsbewegung. Im Winter 1930 begannen lebenslang quälende, zeitweise unerträgliche Kopfschmerzen, deren Ursache nicht erkannt und behandelt werden konnte. Im Oktober 1931 trat Simone Weil ihre erste Stelle als Philosophielehrerin am Lycée in Le Puy-en-Velay (Auvergne) an. Kurz davor nahm

2 Vgl. Simone Pétrement: *Simone Weil. Ein Leben.* Übersetzt von Ellen D. Fischer. Leipzig 2007. S. 76 und 77.

sie am 27. Kongress des Gewerkschaftsbundes – der *Confédération générale du travail* (CGT) – teil. In den Debatten und in einer Zusammenfassung, die sie in *Libres Propos*, dem Journal Alains, und danach in der Gewerkschaftszeitung *L'Effort* publizierte, propagierte sie die Auffassung, die Gewerkschaft – und nicht die Partei – sei der wichtigste revolutionäre Faktor. Noch im Winter 1931 kam es zu Konflikten in Le Puy. Als die Arbeitslosen für Erhöhung ihrer niedrigen Unterstützung demonstrierten, baten sie die junge Lehrerin, sie bei den Verhandlungen mit der Kommunalverwaltung zu unterstützen; in der konservativen Presse wurde daraufhin eine Kampagne gegen Simone Weil – die »rote Jungfrau«, gleichsam Jeanne d'Arc und Marianne zugleich – entfesselt. Der öffentliche Druck auf die Schulbehörden, sie zu entlassen, blieb jedoch – angesichts zahlreicher Solidaritätsbekundungen durch die Liga für Menschenrechte, durch ihre Schülerinnen und deren Eltern – erfolglos.

Im Sommer 1932 reiste Weil nach Deutschland, um die aktuelle Lage zu analysieren; ihre hellsichtigen Berichte wurden rasch gedruckt: »Hitler bedeutet organisierter Massenmord, Beseitigung jeder Freiheit und Kultur«, schrieb sie etwa.[3] Nach der Machtergreifung

3 Simone Weil: *Deutschland in Erwartung*. In: dies.: *Unterdrückung und Freiheit. Politische Schriften*. Übersetzt von Heinz Abosch. Frankfurt am Main 1975. S. 33–51, hier S. 50.

der NSDAP und dem Verbot aller anderen Parteien half sie vielen Deutschen auf der Flucht vor dem Regime. Im Winter 1932 begegnete sie dem Gewerkschafter Boris Souvarine, der den Trotzkisten nahestand; zu ihm unterhielt sie bis an ihr Lebensende eine freundschaftliche Beziehung,[4] während sie mit Trotzki selbst, den sie im Dezember 1933 beherbergte, heftig stritt: etwa über die Meuterei der Matrosen von Kronstadt im März 1921, die unter der Parole »Alle Macht den Sowjets – Keine Macht der Partei« ausgerufen wurde. Mit zunehmender Skepsis sah Simone Weil, die eine politische Position zwischen Anarchismus, Pazifismus und Syndikalismus vertrat, die russische Revolution als gescheitert an. Im März 1934 schrieb sie an Simone Pétrement, sie habe beschlossen, sich »völlig aus jeder Art von Politik zurückzuziehen, außer aus der theoretischen Forschung«.[5] Im Alter von 25 Jahren verfasste sie eine Abhandlung – die *Réflexions sur les causes de la liberté et de l'oppression sociale* –, die sie als eine Art Testament, als *Grand Œuvre*, betrachtete.[6]

4 Vgl. Simone Weil: *Briefe an Boris Souvarine.* In: Charles Jacquier (Hrsg.): *Lebenserfahrung und Geistesarbeit. Simone Weil und der Anarchismus.* Übersetzt von Lou Marin, Beate Seeger und Silke Makowski. Nettersheim 2006. S. 55–76.

5 Simone Pétrement: *Simone Weil.* A.a.O. S. 280.

6 Simone Weil: *Über die Ursachen von Freiheit und gesellschaftlicher Unterdrückung*. Übersetzt von Thomas Laugstien. Zürich 2012.

Im Juni 1934 beantragte sie ein Jahr unbezahlten Urlaub vom Schuldienst für »persönliche Studien« und trat am 4. Dezember – über Souvarines Vermittlung – eine Stelle als Arbeiterin in der Pariser Elektrofabrik *Alsthom* an. Doch konnte sie die hohen Akkordanforderungen, zehn Stunden täglich am Fließband, kaum bewältigen; ihre Erfahrungen notierte sie in einem Fabriktagebuch.[7] Im April 1935 wechselte sie in die Metallfabrik *Carnaud*, von Juni bis August arbeitete sie als Fräserin bei *Renault*. Danach verbrachte sie mit ihren Eltern einen Monat in Spanien und Portugal, bevor sie im Oktober eine neue Stelle als Philosophielehrerin in Bourges antrat. Die Teilnahme an einem Fest in einem kleinen portugiesischen Fischerdorf erlebte sie in tiefer Verbundenheit mit der christlich-katholischen Religion als Ritual einer ›Sklavenreligion‹, der sie sich spontan zugehörig fühlte: »Da empfand ich ganz plötzlich die Gewißheit, daß das Christentum schlechthin die Religion der Sklaven ist, daß Sklaven gar nicht anders können, als ihr anzugehören, und ich mit ihnen.«[8]

7 Vgl. Simone Weil: *Fabriktagebuch und andere Schriften zum Industriesystem*. Übersetzt von Heinz Abosch. Frankfurt am Main 1978. S. 43–122.

8 Simone Weil: *Das Unglück und die Gottesliebe*. Übersetzt von Friedhelm Kemp. München 1953. S. 48 f.

Die Frage einer möglichen Zugehörigkeit blieb für Simone Weil zentral. Doch bei aller Sehnsucht nach solcher Zugehörigkeit lehnte sie die Eingliederung in Organisationen und Institutionen im entscheidenden Moment stets ab; sie blieb auf Distanz zur kommunistischen Partei, zu den Gewerkschaften, zu den Schulen, in denen sie gelernt hatte und später arbeitete, zu den Fabriken, zum Landleben (das sie in Bourges praktizierte) oder zur anarchistischen Kolonne um Buenaventura Durruti, in der sie zu Beginn des Spanischen Bürgerkriegs 1936 kämpfte. Nach diesem kurzen Einsatz in Spanien, den sie wegen einer Verletzung mit siedendem Öl beenden musste, verfasste sie einen kritischen Artikel (den sie allerdings nicht publizierte), in dem es hieß:

»*Wir alle verfolgen, Tag für Tag, besorgt und mit Beklemmung, den Kampf, der sich auf der anderen Seite der Pyrenäen abspielt. Wir haben es uns zur Aufgabe gemacht, den Unseren beizustehen. Aber das hindert uns nicht, das befreit uns nicht davon, aus einer Erfahrung Lehren zu ziehen, die so viele Arbeiter und Bauern dort unten mit ihrem Blut bezahlt haben. Wir haben in Europa bereits eine ähnliche Erfahrung gemacht, die ebenfalls viel Blut gekostet hat. Das ist die russische Erfahrung. Lenin hat damals öffentlich einen Staat angekündigt, bei dem sich Armee, Polizei und*

Bürokratie nicht mehr von der Bevölkerung abtrennen sollten. Doch einmal an der Macht haben Lenin und die Seinen, über einen langen und schmerzhaften Bürgerkrieg hinweg, eine Maschinerie der Bürokratie, des Militärs und der Polizei aufgebaut, die bislang am schwersten auf einer unglücklichen Bevölkerung gelastet hat. Lenin war der Chef einer politischen Partei, einer Maschine zur Eroberung und Ausübung der Macht. Man konnte seine guten Absichten und diejenigen seiner Genossen anzweifeln; man konnte mindestens daran denken, daß es einen Widerspruch gab zwischen den von Lenin definierten Zielen und der Natur einer politischen Partei. Aber wir hätten niemals die guten Absichten unserer libertären Genossen in Katalonien angezweifelt. Jedoch, was sehen wir dort unten? Auch dort sehen wir nun leider die Ausbildung von Formen des Zwangs, Fälle von Unmenschlichkeit, die dem libertären und humanen Ideal der Anarchisten diametral entgegengesetzt sind. Die Erfordernisse und die Atmosphäre des Bürgerkriegs tragen den Sieg über die Ideale davon, die man mit dem Mittel des Bürgerkriegs zu verteidigen sucht.«[9]

9 Simone Weil: *Unwillkommene Betrachtungen*. Übersetzt von Lou Marin. In: Charles Jacquier (Hrsg.): *Lebenserfahrung und Geistesarbeit*. A.a.O. S. 117–119, hier S. 117 f.

Welche Enttäuschung spricht aus diesen Zeilen, aber auch welche Entschiedenheit! Simone Weil wird nicht aufhören, Partei zu ergreifen für die Unterdrückten, die Sklaven, und sie wird nicht aufhören, in immer schärferen Sätzen gegen die Parteien, diese Maschinen »zur Eroberung und Ausübung der Macht«, zu protestieren und zu kämpfen. Sie verwirft den Marxismus, den Anarchismus, spätestens nach Anbruch des Zweiten Weltkriegs auch den Pazifismus. Sie hält Distanz zur Kirche und lässt sich auch durch intensive mystische Erfahrungen nicht zur Konversion bewegen. Am 19. Januar 1942 schreibt sie an ihren geistlichen Freund, Pater Jean-Marie Perrin, ihr scheine, es sei »nicht Gottes Wille, daß ich gegenwärtig in die Kirche eintrete«.[10] Sie führt diese »Hemmung« zwar auf ihre eigene Unvollkommenheit zurück, aber auch auf eine eingeschränkte Katholizität (von *kat holon*: allumfassend) der Kirche selbst, die leicht in Totalitarismus umschlagen könne. Es ist der historische Gebrauch der beiden Bannwörter *anathema sit*, der Simone Weil sagen lässt, sie bleibe »auf Seiten aller Dinge, die nicht in die Kirche eintreten können«. Zu diesen Dingen zählen für sie »Griechenland, Ägypten, das alte Indien, das alte China, die Schönheit der Welt,

10 Simone Weil: *Briefe an Pater Jean-Marie Perrin*. In: dies.: *Zeugnis für das Gute. Traktate, Briefe, Aufzeichnungen*. Herausgegeben und übersetzt von Friedhelm Kemp. München 1990. S. 75–115, hier S. 78.

jeder reine und echte Abglanz dieser Schönheit in den Künsten und in der Wissenschaft«; es sei »die Liebe zu diesen Dingen, die außerhalb des sichtbaren Christentums stehen«, die ihren Eintritt in die Kirche verhindern.[11]

Als die Deutschen 1940 in Frankreich einmarschieren, flieht die Familie zunächst in den Süden nach Marseille. Simone Weil beschäftigt sich dort zunehmend mit der Spiritualität und Kultur der Katharer. Noch einmal nimmt sie an der Landarbeit teil – jetzt an der Weinlese –, bevor sie schwerste Kopfschmerzen zur Aufgabe zwingen. Im Mai 1942 bricht die Familie auf nach New York, wo sie im Juli ankommt; Simone bleibt jedoch nur bis November. Noch vor Jahresende geht sie nach London, das inzwischen im Bombenhagel des ›Blitzkriegs‹ liegt; sie redigiert für die Exilregierung von *France Libre* die Schriften der verschiedenen Résistance-Gruppen aus Frankreich, die aufgefordert waren, Pläne für ein postfaschistisches Frankreich zu entwerfen. Ihre eigenen gesellschaftspolitischen Vorstellungen, die sie vor allem in *L'Enracinement*[12] entwickelt, werden freilich in den Kreisen von *France Libre* ebenso abgelehnt wie

11 Ebd. S. 100 und 110.

12 Simone Weil: *Die Verwurzelung. Vorspiel zu einer Erklärung der Pflichten dem Menschen gegenüber*. Übersetzt von Marianne Schneider. Berlin 2011.

ihr Wunsch, als Spionin oder Frontkrankenschwester nach Frankreich zurückzukehren. Am 15. April 1943 wird sie ohnmächtig aufgefunden; im Krankenhaus wird eine verschleppte Tuberkulose diagnostiziert. Günstige Heilungsaussichten werden durch die solidarische Weigerung Weils durchkreuzt, mehr zu essen als ihre hungernden Landsleute in Frankreich. Eine letzte Identifikation! Im Juli tritt Simone Weil von allen Ämtern in *France Libre* zurück; noch einmal scheitert eine Hoffnung auf Zugehörigkeit: »Wo immer ich mich befinden mag, hier oder in Afrika, ich betrachte mich als nicht dazugehörig.«[13] Sie stirbt am 24. August 1943 im Alter von 34 Jahren. Die amtliche Sterbeurkunde vermerkt: »Die Verstorbene hat sich selbst getötet und zerstört, indem sie sich in einer Phase von Geistesgestörtheit weigerte zu essen.«[14]

13 Simone Weil: *Brief an François Louis Closon vom 26. Juli 1943.* Zitiert nach: Simone Pétrement: *Simone Weil.* A.a.O. S. 714–717, hier S. 716.

14 Zitiert nach der Einleitung zu Simone Weil: *Cahiers. Aufzeichnungen.* Erster Band. Herausgegeben und übersetzt von Elisabeth Edl und Wolfgang Matz. München/Wien 1991. S. 7–50, hier S. 35.

2.

Die *Anmerkung zur generellen Abschaffung der politischen Parteien* entstand während der letzten Lebensmonate Simone Weils in London. Sie sollte als Empfehlung für die Errichtung einer Nachkriegsordnung in Frankreich dienen; doch wurde sie nicht wirklich ernstgenommen. Bei allem Respekt vor de Gaulle war Simone Weil gegenüber dem Entstehen einer gaullistischen Partei mehr als kritisch eingestellt: Schon die Parteien im Allgemeinen galten ihr als ein Übel, doch eine Partei, die sich um eine Führerpersönlichkeit bildete, erschien ihr als besonders gefährlich.[15] Spätestens nachdem de Gaulle das Alleinvertretungsrecht für Frankreich gefordert hatte, betrachtete Weil den Gaullismus als »eine Art politische Partei« mit möglichen faschistischen Tendenzen.[16]

In solcher Skepsis spiegelte sich eine alte Tradition.[17] Der Begriff der Partei wurde im frühen Mittelalter aus dem lateinischen *pars* ins Italienische, Französische und Deutsche übernommen und seit dem 18. Jahrhundert auf politische Gruppierungen und parlamen-

15 Vgl. Simone Pétrement: *Simone Weil.* A.a.O. S. 686.
16 Ebd. S. 719.
17 Vgl. Klaus von Beyme: *Partei, Faktion.* In: *Geschichtliche Grundbegriffe. Historisches Lexikon zur politisch-sozialen Sprache in Deutschland.* Herausgegeben von Otto Brunner, Werner Conze und Reinhart Koselleck. Band IV. Stuttgart 1979. S. 677–733.

tarische Organe bezogen. Zunächst dominierten negative Konnotationen; vor allem die jeweiligen Gegner wurden als ›Parteien‹ diffamiert. Erst im englischen Wortgebrauch setzten sich positive Begriffsbedeutungen – mit der Unterscheidung zwischen *parties* und *factions* (Splittergruppen) – durch. Als Parteien wurden zunehmend große Gruppen bezeichnet, die ihre politischen Ziele als Weltanschauungen formulierten und in ihren Legitimitätsvorstellungen ebenso weitgehend übereinstimmten wie in ihrer Anerkennung der konstitutionellen Monarchie und der protestantischen Religion. Zwar kritisierten noch David Hume (im *Essay of Parties in General* von 1752) oder Alexander Pope die Parteien und identifizierten sie mit *factions*; doch schon Edmund Burke entwickelte ein theoretisches Verständnis für Parteien als Bewerber um Regierungsverantwortung, als *alternative governments*.

Anders als in England blieben Parteien in Frankreich – auch und gerade nach der Revolution – umstritten. Die Gruppen bezeichneten sich selbst als *societés* oder *clubs*; doch der Vielfalt partikularer Interessen – *associations* oder *societés partielles* – wurde misstraut. Die Jakobiner wandten sich entschieden gegen Parteien, die in Widerspruch zum sittlich verpflichtenden, gemeinsamen Willen der Nation – *volonté générale* – zu treten schienen; weder in den Etappen der Revolution noch in der Regierungszeit Napoleons avancierte

›Partei‹ folglich zu einem verfassungsrelevanten Begriff. Die Jakobiner orientierten sich an Rousseaus *Contrat social*; und auch Simone Weil begann ihre *Anmerkung* mit einer Erinnerung an Rousseau: »Von ein paar Kapiteln abgesehen sind wenige Bücher so schön, stark, luzide und klar wie *Der Gesellschaftsvertrag*«. Rousseau sei, argumentiert Weil, von zwei Evidenzen ausgegangen: der Evidenz, dass die Vernunft auf Gerechtigkeit und Ausgleich (und folglich auf Universalisierung) abziele, während jedes Verbrechen aus Leidenschaft (und folglich aus Partikularisierung) entspringe. Vernunft stiftet Gemeinsamkeit, Leidenschaft Differenz; daher sei der gemeinsame Wille dem einzelnen Willen überlegen. Was dieses Ideal erschüttern und in Frage stellen kann, ist die Erfahrung kollektiver Leidenschaft: »Wenn eine einzige kollektive Leidenschaft ein ganzes Land ergreift, ist das gesamte Land einmütig im Verbrechen«; dann kann ein einzelner Wille der Vernunft und Gerechtigkeit näher stehen als der *volonté générale* (oder vielmehr deren Karikatur).

Schlichte Mehrheiten entscheiden nicht über Gut und Böse. Auch eine Volksabstimmung, die beispielsweise die Folter oder einen Genozid billigt, kann diese Verbrechen nicht legitimieren. Daraus ergibt sich – schon bei Rousseau – die paradoxe Konsequenz, dass ein vernünftiger und gerechter Gemeinwille nur aus einer Vielzahl autonomer und unabhängiger

Einzelentscheidungen hervorgehen kann; so können selbst individuelle Leidenschaften einander wechselseitig aufheben und korrigieren. Demokratie als Homöostase: In denkbar schärfsten Gegensatz zu solcher Grundlegung setzt Simone Weil die Bestimmung des Wesens der Partei. Eine Partei sei eine »Maschine zur Fabrikation kollektiver Leidenschaft«. Sie unterdrücke die Individualität ihrer Mitglieder, einzig im Interesse eines unbegrenzten Wachstums. Parteien, so folgert Simone Weil, sind prinzipiell totalitaristisch; und sie treiben prinzipiell Propaganda. Zum Typus dieser Parteien zählt sie nicht nur Faschisten oder Kommunisten, sondern eben auch die Gaullisten – und die katholische Kirche: schlicht alle Organisationen, die einen Beitritt fordern oder erzwingen wollen. Jedes Parteimitglied »unterwirft sein Denken der Autorität der Partei«; und in eben dieser Lage befinde sich auch ein »Anhänger der katholischen Orthodoxie«. Auch ihm könnte leicht »im Geiste schwindlig« werden: wie dem Kommunisten und dem Nazi, die sich »im Deutschland des Jahres 1932« auf der Straße unterhalten, um dabei zu bemerken, »dass sie sich in allen Punkten einig« sind.

Die Schönheit und Strenge, aber auch die verzweifelte Radikalität der *Anmerkung zur generellen Abschaffung der politischen Parteien* ist in einer Rezeptionsgeschichte untergegangen, die auf Simone Weils Zweifel an der Möglichkeit von Zugehörigkeit, auf ihre Polemik gegen die Kollektivierung der Leidenschaften und den Zwang zur Mitgliedschaft in einer Partei, immer wieder mit Versuchen der Vereinnahmung antwortete. Sie wurde wahlweise als Marxistin, Anarchistin, Existentialistin oder christliche Mystikerin wahrgenommen – und zugleich ignoriert. Ihre Schriften wurden oft genug in Auswahlbänden, die eine spezifische Identität bezeugen sollten, publiziert; eine in Frankreich begonnene kritische Werkausgabe ist seit 1988 erst zur Hälfte erschienen. In deutscher Sprache sind zwar die *Cahiers*, die Aufzeichnungen, in einer vierbändigen Edition von Elisabeth Edl und Wolfgang Matz, greifbar; doch die Hauptwerke, die veröffentlichten Texte Simone Weils, sind meist nicht mehr lieferbar oder wurden noch nicht übersetzt. – Ob die Zeit für eine neue Lektüre der Texte Simone Weils schon gekommen ist? Der hier vorgelegte Band soll eine erste Antwort auf diese Frage geben.

Thomas Macho und Helen Thein

Simone Weil bei DIAPHANES

Die Verwurzelung
Vorspiel zu einer Erklärung der
Pflichten dem Menschen gegenüber
Aus dem Französischen von Marianne Schneider
288 S. – € 25.-

Über die Ursachen von Freiheit
und gesellschaftlicher Unterdrückung
Aus dem Französischen von Thomas Laugstien
128 S. – € 18.-

Krieg und Gewalt
Essays und Aufzeichnungen
Aus dem Französischen von Johanna-Charlotte Horst,
Thomas Laugstien und Anouk Luhn
256 S. – € 25.-